En busca y captura

MALOS BICHOS

ideaka
EDELVIVES

ÍNDICE

POLILLA DE LA ROPA 4
MOFETA RAYADA 6
QUELEA COMÚN 8
CHINCHE 10
GATO CALLEJERO 12
PALOMA DOMÉSTICA 14
HORMIGA ROJA DE FUEGO 16
MAPACHE 18
GAVIÓN ATLÁNTICO 20
GUSANO DE LA HARINA 22
BABUINO CHACMA 24
CARCOMA COMÚN DE LOS MUEBLES ... 26
RATA NEGRA 28
COTORRA DE KRAMER 30
CUCARACHA RUBIA 32
JABALÍ 34

SE BUSCA POLILLA DE LA ROPA

Longitud: **de 4 a 8 mm de adulta. Las larvas miden de 1 a 12 mm**
Color: **marrón claro (ocre). Larva de color blanco**
Tiempo de vida: **de 15 a 30 días, de 2 semanas a 2 años como larva**
Armas: **crías hambrientas, larvas glotonas**
Delitos: **poner huevos, engullir cuando es una larva**
Territorio: **armarios, escondites bajo la alfombra, lugares húmedos y oscuros**
Nacionalidad: **casi todo el mundo**
Características especiales: **fotofobia**
Circunstancias atenuantes: **ayuda a eliminar los animales muertos en la naturaleza**

Alias: **Tineola bisselliella**

¡OJO CON LOS ARMARIOS!

La polilla es el terror de los armarios. Pero no todo el mundo sabe que esta discreta mariposa tiene un sistema bucal poco desarrollado y, por lo tanto, no es la responsable de los agujeros en nuestros jerséis. Las culpables son las larvas, que nacen de los huevos que pone una polilla hembra en lugares oscuros y templados. ¡Pone entre 30 y 200!

JÓVENES *GOURMETS*

Las larvas hambrientas suelen ser bastante quisquillosas. La base de su dieta es la queratina, que se encuentra en la lana, la piel y las plumas. También comen seda. En épocas de escasez, las fibras de lino y algodón o la harina de trigo les resultan atractivas. Sin embargo, los materiales artificiales no los quieren ni ver.

¡ÑAM!

¡ESTE SITIO ES GENIAL!

¿APESTA? ¡QUÉ RICO!

Algún día, puede que hayas vuelto a casa, te hayas quitado tu jersey de lana favorito, lo hayas hecho una bola y lo hayas tirado al fondo del armario. A las polillas seguro que les ha encantado. Los restos de sustancias orgánicas que contiene la ropa sucia y sudada son un festín para ellas.

¿QUÉ HAGO?

Hay algunos trucos para proteger el armario de las polillas. En primer lugar, no guardes ropa sucia o sudada. En segundo lugar, es una buena idea meter algo que a las polillas les parezca apestoso y sea un delicioso olor para nosotros: lavanda, por ejemplo. Y, en tercer lugar, debes ventilar tu habitación, porque a las polillas no les gustan nada las corrientes de aire.

5

SE BUSCA MOFETA RAYADA

Alias: **Mephitis mephitis**

¿DE DÓNDE HA SALIDO ESTE HOYO?

Los dueños de jardines con el césped perfectamente cuidado no saltan de alegría cuando una mofeta —una apasionada de los insectos— llega a su jardín buscando algo rico para comer. Al tratar de encontrar tantos insectos deliciosos como pueda, hace agujeros con sus largas garras. Estarás de acuerdo en que un césped que ha recibido un trato así no se ve muy bonito.

APARTA, POR FAVOR

La mofeta se ha adaptado bien a la vida cerca de los humanos, en el campo o en las ciudades, pero no ganaría el premio a la mejor vecina del año. Es ruidosa, algo gruñona y no le gusta relacionarse con otros animales. ¡A veces, hasta se pelea con algunas mascotas cuando se encuentra con ellas!

¡VAYA PESTE!

Lo peor de una mofeta, con diferencia, es su olor. Tiene unas glándulas fétidas especiales en el trasero que contienen un líquido amarillo y apesta a azufre, ajo y otras sustancias que no huelen demasiado bien. Lo suelta cuando le apetece; por ejemplo, si alguien la molesta. ¡Puede alcanzar a su desafortunado objetivo a una distancia de tres metros!

¿QUÉ HAGO?

Hay muchos manuales para elaborar tu propio perfume, capaz de cubrir la fetidez de una mofeta. No es una solución milagrosa, así que mejor cierra bien tu casa para que no pueda entrar ninguna mofeta. Una valla, unas luces de jardín o unos aspersores la mantendrán a una distancia prudencial.

SE BUSCA QUELEA COMÚN

Longitud: **alrededor de 12 cm** Peso: **de 15 a 20 g**
Color: **tonos marrones, principalmente**
Tiempo de vida: **de 2 a 3 años**
Armas: **un pico glotón** Delitos: **picotear**
Territorio: **campos y zonas de cultivo**
Nacionalidad: **África**
Características especiales: **pico de coral**
Circunstancias atenuantes: **a veces come insectos**

Alias:
Quelea quelea

LA FUERZA DEL GRUPO

Nunca está solo, vive en grandes grupos llamados bandadas. Una bandada puede tener hasta dos millones de miembros y llegan a comer 20 toneladas de grano en un solo día: ¡Es el peso de 4 elefantes! Los queleas se lanzan como locos sobre los sabrosos granos y, cuando se lo han comido todo, van en busca de otro campo.

EL SEÑOR Y LA SEÑORA QUELEA

Hay ciertas diferencias de color entre el señor y la señora quelea: la hembra tiene tonos marrones discretos y el macho presume de su plumaje más colorido y su pico rojo, sobre todo en el momento del cortejo. Sin embargo, se entienden bien y mantienen una buena relación. Pueden tener 9 crías al año.

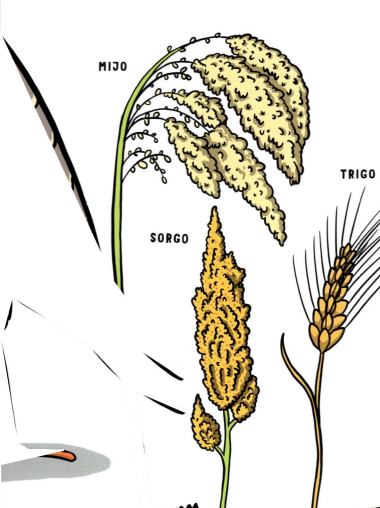

UNA BARRIGUITA LLENA DE SEMILLAS DELICIOSAS

El quelea es un devorador tremendo. Le encanta atiborrarse de semillas, especialmente de los granos de los campos de cultivo: el trigo, el mijo o el sorgo. No le importa recorrer grandes distancias para buscar alimento.

¿QUÉ HAGO?

No es fácil luchar contra estos glotones, porque son muy numerosos y, como hemos dicho, pueden tener muchas crías, que serán las futuras enamoradas de los granos. Algunos animales, como el gálago de Senegal, pueden ayudarnos, ya que a veces los queleas acaban en su plato.

SE BUSCA CHINCHE

- Longitud: **hasta 5 mm**
- Color: **entre marrón y marrón rojizo**
- Tiempo de vida: **un año o año y medio**
- Armas: **probóscide**   Delitos: **clavar y chupar**
- Territorio: **casas, hoteles, cuartos de personal, cárceles, cines, hospitales...**
- Nacionalidad: **el mundo**
- Características especiales: **no puede trepar por el cristal ni por objetos lisos**

Alias: **Cimex lectularius**

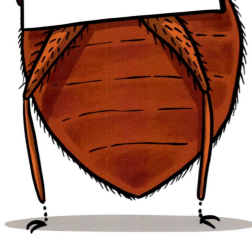

ME LLAMO CHINCHE Y A PARTIR DE AHORA VIVO AQUÍ

Estos insectos sociales pueden establecerse en cualquier vivienda donde haya personas. Buscan a sus víctimas humanas y se esconden cuidadosamente detrás de los marcos de los cuadros, en los muebles o en los libros, básicamente por todas partes excepto debajo de la ropa de cama y en las prendas de vestir: no les gusta.

¿QUÉ HAGO?

Cuando viajes, es recomendable llevar la ropa en bolsas de plástico y lavarla bien en cuanto vuelvas a casa. En Sudamérica tienen un truco para el dormitorio: esparcir hojas de la planta de la judía alrededor de la cama. Las hojas están cubiertas de pelos y las chinches se enredan en ellas. ¡Listo! ¡Se acabó el problema!

¿OTRO TRAGO, MI PEQUEÑA CHINCHE?

¿Qué quieren las chinches de los humanos? ¡Pues chuparles la sangre, claro! Antes de que una chinche pequeña se haga adulta, pasa por cinco fases de desarrollo. Y para empezarlas todas necesita un buen trago. La sangre humana es la mejor, pero a veces se conforma con sangre de murciélago o de paloma. Cuando escasea el alimento, puede pasar varios meses sin comer.

¡AY, CÓMO PICA!

Cada vez que una chinche va a alimentarse —sobre todo por la mañana—, adormece la zona de punción para que la víctima no se dé cuenta. Las picaduras rojas no empezarán a picar hasta pasados unos días, pero ¡qué picor! La pobre persona que sufra el picotazo lo pasa fatal, porque no tiene ni idea de lo que le está sucediendo ni por qué.

11

SE BUSCA GATO CALLEJERO

Alias: **Felis silvestris catus**

Longitud: **de 40 a 70 cm**   Peso: **de 2,4 a 6,4 kg**   Color: **diferentes**
Tiempo de vida: **7 años, ocasionalmente de 15 a 17 años**
Armas: **dientes afilados, patas fuertes y ágiles y uñas retráctiles**
Delitos: **cazar sin piedad**
Territorio: **ciudades, pueblos, la naturaleza**
Nacionalidad: **casi todo el mundo; fuerte presencia en Australia**
Características especiales: **más fuerte y musculoso que un gato doméstico**
Circunstancias atenuantes: **reduce la población de roedores peligrosos**

¡VEAMOS MUNDO!

¿Por qué en Australia los gatos no tienen enemigos naturales y pueden provocar tantos daños? Porque no vivían allí. Los gatos, igual que las ratas, se extendieron por todo el mundo viajando a bordo de los barcos. A diferencia de las ratas, a los gatos los llevaron a algunos lugares a propósito para hacerles la vida imposible a los roedores. Si hubieran sabido lo mal que les iba a salir la jugada…

CUANDO EL GATO NO ESTÁ, LOS RATONES BAILAN

Los gatos callejeros suelen cazar solos. ¡Y son unos cazadores excelentes! Ratones, pájaros, lagartos... nadie está a salvo. Su talento como cazadores es un quebradero de cabeza para los australianos, entre otros. Como los gatos no tienen enemigos naturales, hay demasiados y cazan a su antojo.

NO SOY UN GATO DOMÉSTICO, SINO TOTALMENTE CALLEJERO

Desde hace varios miles de años, los gatos acompañan a los humanos. Sin embargo, conservan un espíritu independiente y si están mucho tiempo sin contacto con los humanos y en libertad, se asilvestran. Para no sentirse solos, se relacionan con otros gatos callejeros y forman las llamadas colonias.

¿QUÉ HAGO?

Aún no se ha descubierto un método eficiente para evitar que los gatos callejeros cacen de manera indiscriminada. Cuando los capturan de pequeños, pueden convertirse en unas mascotas encantadoras, pero si te encuentras con un gato desconocido por la calle o en estado salvaje, ¡no le des de comer ni lo acaricies!

SE BUSCA PALOMA DOMÉSTICA

Longitud: aprox. 33 cm   Peso: aprox. 330 g
Color: gris, con el cuello verde y el pecho con reflejos morados
Tiempo de vida: aprox. 6 años   Armas: excrementos, patógenos, un pico glotón
Delitos: picotear y excretar   Territorio: ciudades y pueblos
Nacionalidad: casi todo el mundo
Características especiales: incidencia relacionada con la población humana
Circunstancias atenuantes: contribuye a la propagación de determinadas especies vegetales

Alias:
Columba livia domestica

¡PLAS!

Una pulcra plaza con casas imponentes, bancos cómodos, estatuas majestuosas... pero ¡un momento! ¿Qué es esa cosa blanca que cubre las estatuas, las cornisas, algún banco, un coche o incluso un transeúnte? Son excrementos de paloma. Aquello que salpican, lo destruyen. Las palomas ocasionan muchos desperfectos. Además, picotean las fachadas de los edificios y se tragan las piedrecitas.
No lo hacen por diversión, sino para moler mejor la comida.

AVES MENSAJERAS

A pesar de nuestras objeciones a las palomas, hay que reconocer una cosa: tienen un excelente sentido de la orientación, y para ellas volver al lugar donde viven es pan comido. Antiguamente se empleaban como aves mensajeras. ¡En la actualidad, las palomas mensajeras bien entrenadas siguen siendo muy valoradas!

ÁCARO ROJO

GARRAPATA DE LA PALOMA

TOXOPLASMA GONDII

SALMONELA

UN PATÓGENO POR AQUÍ, UN PARÁSITO POR ALLÁ

Los excrementos de las palomas no solo ensucian y destruyen monumentos históricos, coches, etc., sino que también son la causa de enfermedades muy desagradables, como la salmonelosis. Además, las palomas propagan muchos parásitos diferentes, como el ácaro rojo o la garrapata de la paloma.

¡@#?!

¿QUÉ HAGO?

Regla número uno: ¡no darles de comer! En muchas ciudades está prohibido alimentar a las superabundantes palomas. Para evitar que aterricen donde quieran y que ocasionen muchos daños, se instalan redes y pinchos especiales en los edificios y en los monumentos históricos. Sin embargo, las palomas son aves listas y aprenden a caminar entre los pinchos.

15

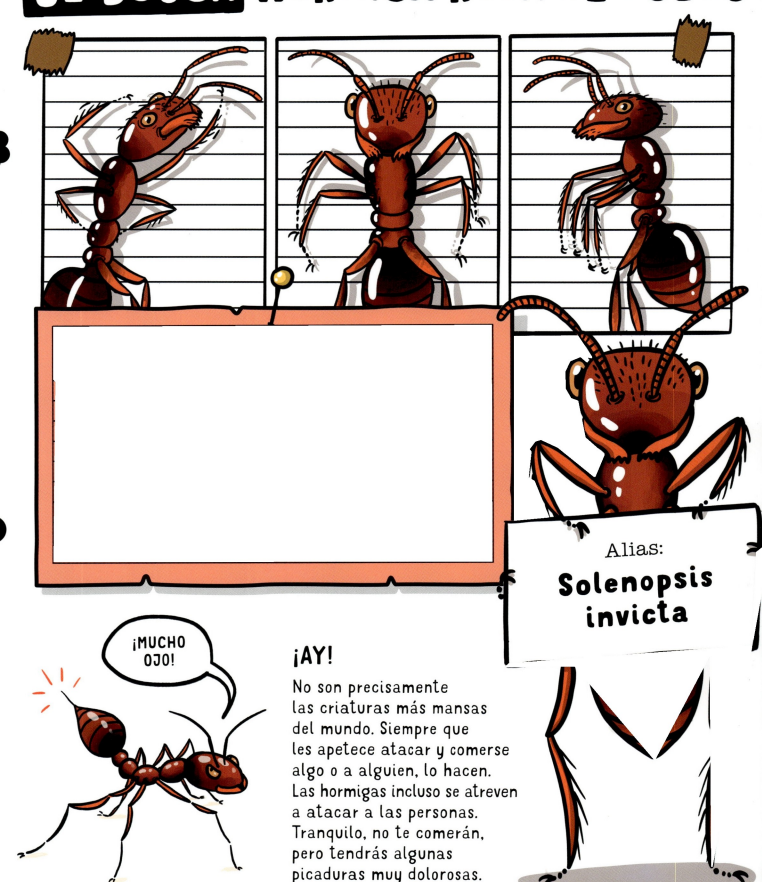

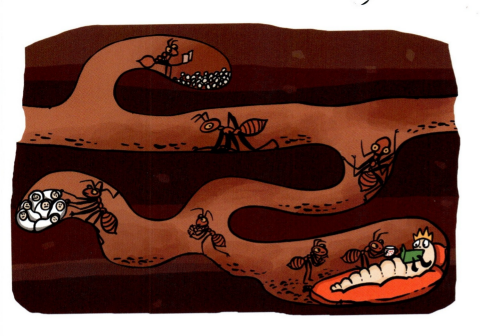

UNA COMUNIDAD MONUMENTAL

Al igual que otras, las hormigas de fuego viven en familias numerosas llamadas colonias. ¡Una colonia puede tener hasta 400 000 miembros! Está formada por obreras, soldados, machos y una reina. Los hormigueros son enormes y, mientras cavan los túneles, las hormigas pueden causar daños estructurales en las casas.

¡YUPI, ELECTRICIDAD!

A las hormigas rojas de fuego les fascina el campo electromagnético que rodea a los aparatos eléctricos, que atrae más y más hormigas. Sin embargo, no los tratan con mucho cuidado y acaban destrozándolos. En el peor de los casos, pueden provocar un incendio.

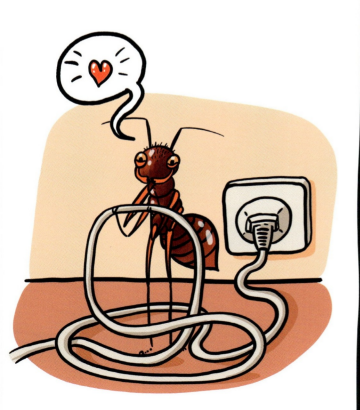

¿QUÉ HAGO?

Ten cuidado. Acabar con estas hormigas es muy muy difícil. Pueden con casi todo. Las hormigas rojas de fuego también son capaces de formar puentes vivientes o islas flotantes, es decir, que el agua tampoco las pilla desprevenidas. Se agarran entre sí con las patas y las mandíbulas, los pelos se llenan de burbujas de aire… y ahí siguen.

SE BUSCA MAPACHE

Longitud: **de 40 a 72 cm**   Peso: **de 3,5 a 9 kg**
Color: **gris y la cola con anillos negros**
Tiempo de vida: **3 años en libertad y hasta 20 años en cautividad**
Armas: **patas ágiles, dientes afilados y garras**
Delitos: **saquear y robar**
Territorio: **vertederos, huertos, gallineros y casas**
Nacionalidad: **Norteamérica, Centroamérica, zonas de Europa y pequeñas regiones de Asia**
Características especiales: **máscara facial negra**
Circunstancias atenuantes: **ayuda a controlar la población de animales pequeños y a diseminar plantas**

Alias: **Procyon lotor**

¿COMIDA FAVORITA? ¡PUES CUALQUIER COSA!

A los mapaches les encanta comer hasta reventar. Son muy constantes en la búsqueda de comida, y engullen todo aquello que encuentran: basura o comida fresca, da igual. El maíz y la fruta les resultan especialmente sabrosos y cuando les apetece carne, saquean el gallinero más cercano.

LA HIGIENE POR ENCIMA DE TODO

Los mapaches tienen una curiosa costumbre: sumergen la comida en el agua. Los zoólogos se han estado devanando los sesos en busca de una explicación. Quizá así sus patas sean más suaves y les ayude a toquetear mejor las cosas; quizá les gusta imaginar que acaban de coger la comida en un río. En cualquier caso, en muchos idiomas, el mapache debe su nombre a esta extraña afición.

QUE ME PARTA UN RAYO SI NO PUEDO ENTRAR...

Mientras están fisgoneando, los mapaches intentan entrar en las casas. A nadie le sorprenderá descubrir que lo que más les gusta son los graneros, las cocinas y las despensas. Pero a veces calculan mal... ¡y se quedan atrapados! Las tuberías del aire acondicionado o las salidas de humos son algunas de las trampas en las que suelen caer. Si esto sucede, alguien tiene que compadecerse del pobre mapache y liberarlo.

¿QUÉ HAGO?

Si no quieres que los mapaches te hagan una visita inesperada, debes tener cuidado y cerrar siempre todas las puertas y ventanas por la noche. Y para evitar atraerlos innecesariamente, no des de comer a los mapaches salvajes que rondan tu casa.

SE BUSCA
GAVIÓN ATLÁNTICO

- Longitud: **de 61 a 75 cm**   Peso: **de 1 a 2 kg**
- Color: **blanco, con manchas negras en las plumas**
- Tiempo de vida: **alrededor de 20 años**
- Armas: **un pico inflexible**
- Delitos: **ataques aéreos, picotazos, robos**
- Territorio: **costas, tiendas y vertederos**
- Nacionalidad: **Europa, Norteamérica, varias islas del Atlántico**
- Características especiales: **la voz más grave de todas las gaviotas**
- Circunstancias atenuantes: **sirve en la «policía sanitaria»**

Alias: **Larus marinus**

¡TE LO ROBO!

No puede evitarlo. Si una gaviota ve a alguien disfrutando de una buena comida, tiene que robársela. Hábilmente, espera el momento justo, bate las alas y ¡bam!, se hace con el tesoro. Si el dueño se niega a soltar el manjar, la gaviota no se lo piensa dos veces y le da un picotazo. Hasta tiene el valor de atacar a otros animales, incluidos los humanos.

¿QUÉ HAGO?

No les des de comer. Y hay que tener cuidado al tirar la basura o mientras comes algo rico. Incluso en algunos lugares, unas señales especiales advierten de la presencia de gaviotas glotonas.

ÚNETE AL FESTÍN, POR FAVOR

Si hay un festín especialmente sabroso, cientos de gaviotas pueden abalanzarse sobre él. Se ponen las botas en cubos de basura que rebosan, en contenedores o vertederos, rebuscan entre la deliciosa basura mientras charlan alegremente… y lo dejan todo perdido.

NI EN EFECTIVO NI CON TARJETA

Si una gaviota quiere comer algo y no tiene nada rico cerca, no duda en entrar en una tienda. El hecho de que no tenga dinero no le preocupa. Segura de sí misma, entra en el establecimiento, coge lo que le apetece y se va sin pagar, para darse el atracón.

SE BUSCA GUSANO DE LA HARINA

Longitud: **de 1,2 a 1,8 cm. Larva: 2,5 cm**
Color: **negro. Larva: marrón**
Tiempo de vida: **unos 3 meses. Larva: de 360 a 500 días**
Armas: **boca glotona**   Delitos: **engullir y comer**
Territorio: **cocinas, despensas, almacenes, molinos, graneros y plantas de reciclaje de subproductos de origen animal**
Nacionalidad: **básicamente, todo el mundo**
Características especiales: **los atrae la luz**
Circunstancias atenuantes: **ayuda a descomponer materiales vegetales en la naturaleza**

Alias: **Tenebrio molitor**

¡TAXI, POR FAVOR!

Los gusanos de la harina adultos son excelentes voladores. Sin embargo, las larvas no saben volar: ¡no tienen alas! Para ver mundo y expandirse por él, emplean dos tipos de taxis: el transporte humano (viajan cómodamente con las mercancías transportadas) o las aves, sus amigas con plumas.

22

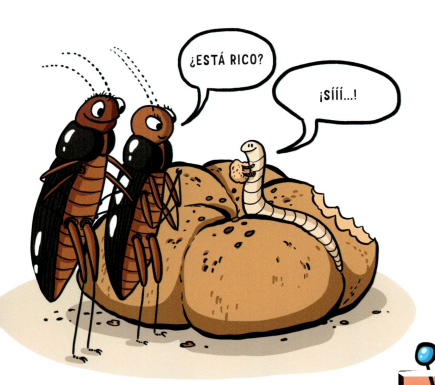

NADA DE DIETA SIN GLUTEN

En tiempos de escasez, los gusanos de la harina pueden sobrevivir hasta cuatro meses sin comer. Pero si se presenta la ocasión, les encanta atiborrarse, tanto a los adultos como a las larvas. Además de la harina, les gustan mucho las semillas, los productos cocinados, el salvado, la avena o el arroz. Los destrozos que ocasionan en los almacenes son muy graves.

¡DELICIOSO!

Quizá hayas oído hablar del gusano de la harina, o tal vez sepas que es un manjar para muchos animales, y cada vez más para las personas. Sobre todo las larvas de los gusanos de la harina. Podría decirse que es el alimento del futuro: es bajo en calorías y contiene muchas sustancias beneficiosas.

¿QUÉ HAGO?

Si no estás criando gusanos de la harina a propósito y no quieres que se den un festín con tu comida, aquí va un consejo muy sencillo: unos frascos de cristal o porcelana con buenas tapas mantendrán a raya a los insectos hambrientos.

SE BUSCA BABUINO CHACMA

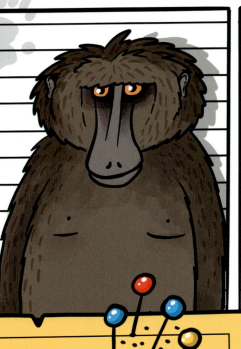

Longitud: **hasta 1,1 m**
Peso: **de 15 a 31 kg**
Color: **marrón**
Tiempo de vida: **alrededor de 30 años**
Armas: **patas ladronas, dientes afilados**
Delitos: **robar y saquear**
Territorio: **casas, tiendas, calles, basureros y campos**
Nacionalidad: **África**
Características especiales: **caninos más largos que los de un león**
Circunstancias atenuantes: **ayuda a mantener y a propagar ciertas plantas**

REBUSCAR, RECOGER Y COMER

El babuino chacma tiene debilidad por la comida humana. Es capaz de encontrar cualquier cosa para comer en un jardín o en el campo, y le encantan los tomates, el maíz o los cítricos. ¡Y tampoco hace ascos a la basura! Le encanta rebuscar en vertederos y cubos de basura en busca de cosas ricas.

¿QUÉ HAGO?

La precaución es la mejor defensa. Hay que asegurarse de que todas las ventanas y las puertas están bien cerradas (no solo en los edificios, también en los coches), no dejar las cosas desatendidas y, lo más importante, ¡no provocarlos con comida! Si, a pesar de todo, se te pega algún babuino descarado, siempre puedes ahuyentarlo con un espray de pimienta.

¡BANDAS! BANDAS POR TODAS PARTES

A veces, este mono decide actuar solo, pero normalmente forma bandas de ladrones. Estos grupos merodean por los pueblos y las ciudades, donde saquean y roban como locos en las tiendas o en las casas. Trepan por las fachadas de los edificios, entran por las ventanas y cogen todo lo que está a su alcance.

INTRÉPIDO Y CODICIOSO

Para los babuinos son presas fáciles los turistas descuidados, y estos codiciosos monos tratarán de robar esos objetos tan atractivos que llevan en la mochila o el bolso. A veces, los babuinos devuelven el botín a cambio de comida. Sus largos dientes y sus fuertes brazos inspiran respeto y no admiten discusión.

Alias: **Papio ursinus**

SE BUSCA
CARCOMA COMÚN DE LOS MUEBLES

Alias: **Anobium punctatum**

Longitud: **de 2,7 a 4,5 mm. Larvas: de 1 a 7 mm**
Color: **marrón oscuro. Larva: blanco**
Tiempo de vida: **de 7 a 30 días. Larva: de 2 semanas a 5 años**
Armas: **larvas hambrientas y voraces**
Delitos: **hacer túneles, masticar y morder**
Territorio: **los objetos de madera de interior (muebles, suelos, techos, revestimientos de paredes...)**
Nacionalidad: **prácticamente en todo el mundo**
Características especiales: **diez hileras de puntos bien definidos en los élitros**
Circunstancias atenuantes: **ayuda a descomponer árboles y arbustos viejos y caídos**

¡OH, QUÉ MADERA TAN MARAVILLOSA!

La madera es la pasión de la carcoma. La que no está tratada químicamente o no está bien tratada, la que está muy gastada, la vieja... ¡Son fantásticas! Cualquiera pensaría que la carcoma se dedica a vender antigüedades. ¡Nada más lejos de la realidad! No quieren admirar y apreciar la madera, ¡quieren comérsela!

VIVIENDA MULTIGENERACIONAL

Las mamás carcoma suelen quedarse en el lugar donde nacieron, y ponen los huevos donde vivían con sus parientes, otras carcomas... No es raro ver a varias generaciones en el mismo pedazo de madera infestado, que acaba tan lleno de agujeros como un queso suizo.

MUERDE, MASCA, MASTICA

Al igual que las polillas, las carcomas adultas no comen nada. Son las larvas quienes mastican la madera y se dedican a excavar túneles en ella, haciéndola crujir de forma sonora. Prefieren la madera de las coníferas, pero tampoco dicen que no a los árboles de hoja ancha.

¿QUÉ HAGO?

Hay muchos consejos y trucos para disuadir a la carcoma hambrienta. Según la sabiduría popular, ayuda esparcir algunas bellotas alrededor de la madera en cuestión, porque a la carcoma le gusta tanto su olor que se olvida de todo lo demás y se traslada a las bellotas.

SE BUSCA RATA NEGRA

Longitud:	**de 16 a 23,5 cm**
Peso:	**de 130 a 250 g**
Color:	**de oscuro a negro, a veces gris o rojo anaranjado; vientre blanco**
Tiempo de vida:	**de 1 a 2 años, hasta 3 años en cautividad**
Armas:	**dientes, excrementos, pulgas**
Delitos:	**propagación de patógenos, comer**
Territorio:	**graneros, desvanes, cobertizos, almacenes de alimentos, molinos, establos y granjas avícolas**
Nacionalidad:	**casi toda Europa y Asia, el norte de África, Australia y sus islas, ocasionalmente América**
Características especiales:	**buena escaladora**
Circunstancias atenuantes:	**comen insectos**

ANIMALES PEQUEÑOS, ENFERMEDADES GRANDES

Una criatura tan pequeña y, sin embargo, es (probablemente) responsable de las graves epidemias que afectaron a la humanidad. ¿Cómo puede ser? Las ratas transmiten la peste a través de las pulgas, que con su picadura contagian la enfermedad a las personas. Las personas se infectan entre sí al estornudar, toser o sonarse la nariz. Las ratas también son portadoras de otras enfermedades.

RATA NEGRA O RATA DE ALCANTARILLA

La gente a menudo confunde la rata negra con un roedor que a primera vista se le parece bastante: la rata de alcantarilla. Pero la rata de alcantarilla tiene la cola más corta que el cuerpo, las orejas más pequeñas y una nariz respingona. Es más fuerte, más agresiva, depredadora y resistente. Le gustan los ambientes húmedos, por eso suele vivir en las alcantarillas.

Alias: **Rattus rattus**

EN BARCO ALREDEDOR DEL MUNDO

¿Te has fijado en su nacionalidad? En un principio, las ratas no eran tan comunes, pero los humanos las ayudaron a propagarse por todo el mundo a partir del siglo XV por los viajes transoceánicos. Sin que nadie las invitase, las ratas se colaban discretamente en los barcos y zarpaban en busca de nuevos lugares donde vivir.

¿QUÉ HAGO?

Las ratas transmiten enfermedades, contaminan y comen alimentos, ponen trampas para muchos animales pequeños o se comen los huevos de los pájaros. Las personas intentan defenderse de ellas y combatirlas, pero hay un lugar donde sucede justo al revés. En el templo indio de Karni Mata, estas granujillas son sagradas. Los indios las adoran y les dan de comer con cariño.

SE BUSCA
COTORRA DE KRAMER

- Longitud: **de 28 a 40 cm, incluida la cola**
- Tiempo de vida: **hasta 20 años**
- Armas: **pico chillón y quisquilloso**
- Delitos: **picotear y chillar**
- Territorio: **campos, jardines, parques**
- Nacionalidad: **originaria de África y Asia, se ha extendido por Europa y América**
- Características especiales: **puede llegar a hablar**
- Circunstancias atenuantes: **inteligencia y temperamento simpático; emite ruidos para avisar a otras aves de que se acerca un enemigo**

Alias: **Psittacula krameri**

UNA MASCOTA Y UN ADORNO

Esta ave bonita, simpática e inteligente lleva siglos siendo una mascota. Procede de África y Asia. Desde allí, llegó a Europa y América, donde adornó jaulas y pajareras. Todo estaba en orden hasta que escapó y quedó en libertad en países que no eran su hábitat original.

¿QUÉ COSAS RICAS TIENES?

Tanto en su tierra natal como en las nuevas regiones que han descubierto, a las cotorras de Kramer les encanta comer lo que les ofrecen los campos y huertos del lugar. Les gusta el arroz, los cereales, los granos de café, los girasoles, la fruta de los árboles y las vides, entre otras cosas. Es comprensible que los agricultores no les vean la gracia a estas ladronzuelas.

¡CRA! ¡CRA! ¡CRA!

La cotorra no es precisamente el ave más silenciosa del mundo. Podríamos decir que es un lorito gritón. Puedes comprobarlo en los parques europeos donde se ha asentado. Hay bandadas de cotorras posadas por todas partes, a veces haciendo caca, pero siempre hablando a un volumen tan alto que a la gente le produce dolor de cabeza y acaba marchándose.

¿QUÉ HAGO?

Buena pregunta. Luchar contra las cotorras es muy difícil. Desde luego, ayuda no darles de comer innecesariamente y no dejar restos de alimentos tirados por ahí, porque pensarán que se trata de un sabroso tentempié.

SE BUSCA CUCARACHA RUBIA

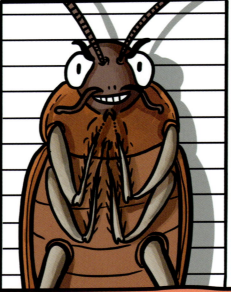
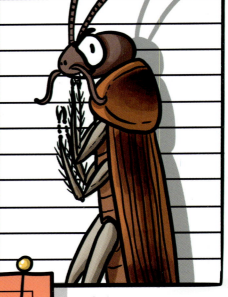

Longitud: **de 1 a 1,5 cm**   Color: **del amarillo claro al negro**
Tiempo de vida: **aprox. 200 días**
Armas: **boca siempre hambrienta, patógenos, virus**
Delitos: **comer sin freno**
Territorio: **casas, restaurantes, hoteles, dormitorios, hospitales, edificios institucionales, tuberías, alcantarillas...**
Nacionalidad: **prácticamente todo el mundo**
Características especiales: **tiene alas, pero no vuela**
Circunstancias atenuantes: **ayuda a descomponer la materia animal y vegetal en la naturaleza**

¡MENUDO APETITO!

La cucaracha rubia es una de esas criaturas con suerte que no son maniáticas con la comida. ¡Al contrario! Engulle todo lo que se cruza en su camino. Le encanta comer hasta reventar y da buena cuenta de la carne, la harina, las grasas y el azúcar, pero también del papel, el jabón o la pasta de dientes. Si tiene mucha hambre, puede llegar a darle un mordisco a otra cucaracha.

BIEN CALENTITA

A las cucarachas rubias les gustan las casas. También se encuentran en la naturaleza en las regiones tropicales y subtropicales. ¿Por qué? Porque tienen debilidad por los climas templados. En las casas están en la gloria, ya que caben en el más pequeño de los agujeros y porque el calor es lo más importante para ellas.

¡CORRE, CUCARACHA, CORRE!

A las personas no les gusta nada convivir con las cucarachas. Aparte de comer casi de todo, estas diminutas criaturas avisan de su presencia liberando un hedor muy particular. Además, no es fácil atraparlas, ya que corren mucho. Y, mientras se alejan a toda prisa, esparcen diversos patógenos.

Alias: **Blattella germanica**

¡SOY INVENCIBLE!

¿QUÉ HAGO?

Intenta tener la casa limpia; si no, no hay mucho que hacer. Se dice que las cucarachas son indestructibles, pero no es del todo cierto; por ejemplo, no soportan temperaturas inferiores a −7 °C, aunque pueden aguantar cien veces la cantidad de radiación nuclear a la que podría sobrevivir una persona.

SE BUSCA JABALÍ

Longitud: **de 120 a 180 cm**   Altura: **de 55 a 100 cm**   Peso: **de 50 a 200 kg**
Color: **entre marrón y negro; los jabatos tienen rayas oscuras**
Tiempo de vida: **de 10 a 15 años**   Armas: **un hocico curioso**
Delitos: **cavar y comer**   Territorio: **campos y prados**
Nacionalidad: **Europa, casi toda Asia, zonas de África, pequeñas zonas de Australia, regiones de Sudamérica y Norteamérica**
Características especiales: **4 largos colmillos curvados hacia arriba (de hasta 30 cm)**
Circunstancias atenuantes: **remueve y airea el suelo del bosque, mata a las alimañas y se ocupa de la carroña**

UN HOCICO LLENO DE MAÍZ

¿Alguna vez has visto un campo donde parece que unos cuantos buscadores de tesoros han celebrado una fiesta, de tan revuelto y levantado como estaba? Pues, probablemente, han sido los jabalíes en busca de maíz. ¡Les gusta muchísimo! Los jabalíes, contentos; y los granjeros, con dolor de cabeza.

34

Alias:
Sus scrofa

¡NO TOQUES A MIS JABATOS!

Los jabalíes pueden causar destrozos en campos y prados, pero poca gente se atrevería a discutir con ellos. Los jabalíes inspiran respeto. Suelen ser tímidos y, normalmente, evitan las peleas; excepto las hembras, que plantan cara para proteger a sus queridas crías.

¿QUÉ HAGO?

Las tierras hay que protegerlas con una valla o un cercado resistente. Si te encuentras con un jabalí mientras das un paseo, aléjate, especialmente si te tropiezas con una hembra y sus jabatos. ¡Y, sobre todo, sujeta a tu perro!

ÉRASE UNA VEZ UN JABALÍ

Muchas culturas han admirado a los jabalíes desde tiempos inmemoriales como símbolo de fuerza y de espíritu combativo. Aparecen en mitos y leyendas, representados en emblemas de ciudades o en escudos nobiliarios, y han desempeñado un papel importante en algunas religiones.

Traducido por Diego de los Santos

Título original: *Pesties*
© Del texto: Tomáš Filipi, Sabina Konečná, 2019
© De las ilustraciones: Anna Años Kubecová, 2019
© Del diseño: B4U Publishing, sello de Albatros Media Group, 2019
© De esta edición: Grupo Editorial Luis Vives, 2020

ISBN: 978-84-140-2940-4
Depósito legal: Z 2041-2019

Impreso en República Checa
Todos los derechos reservados